Novena à Divina Misericórdia

Santa Maria Faustina Kowalska
História e orações

Tarcila Tommasi, fsp

Novena à Divina Misericórdia
Santa Maria Faustina Kowalska
História e orações

Citações bíblicas: Bíblia Sagrada – tradução da CNBB, 2ª ed., 2002.

Editora responsável: Celina Weschenfelder
Equipe editorial

9ª edição – 2011
9ª reimpressão – 2020

Nenhuma parte desta obra poderá ser reproduzida ou transmitida por qualquer forma e/ou quaisquer meios (eletrônico ou mecânico, incluindo fotocópia e gravação) ou arquivada em qualquer sistema ou banco de dados sem permissão escrita da Editora. Direitos reservados.

Paulinas
Rua Dona Inácia Uchoa, 62
04110-020 – São Paulo – SP (Brasil)
Tel.: (11) 2125-3500
http://www.paulinas.com.br – editora@paulinas.com.br
Telemarketing e SAC: 0800-7010081
© Pia Sociedade Filhas de São Paulo – São Paulo, 2004

A vida de Santa Maria Faustina

Apóstola da Divina Misericórdia é o nome com o qual Irmã Maria Faustina é conhecida. Sua vida foi marcada por graças especiais e por valiosas mensagens que Jesus lhe dirigia, comunicando-lhe a riqueza de sua imensa misericórdia.

Nasceu na Polônia, no dia 25 de agosto de 1905, numa família pobre, mas muito piedosa. No Batismo recebeu o nome de Helena. Desde a infância, distinguiu-se pelo amor à oração e pela forte sensibilidade às misérias humanas. Quanto à escolaridade, não chegou a terminar a terceira série do ensino fundamental. Aos 16 anos deixou a família para trabalhar como empregada doméstica e assim ajudar na subsistência dos irmãos.

O chamado; a formação

Aos sete anos, Helena sentiu o chamado para uma vida mais perfeita. Contudo, os pais se opuseram ao desejo da filha de ingressar num convento. Somente aos 20 anos Helena conseguiu, depois de muitas buscas, entrar na Congregação das Irmãs da Mãe de Deus da Divina Misericórdia.

Após o período do postulado, Helena recebeu o hábito religioso e o nome de Maria Faustina. Dois anos de formação no noviciado e cinco anos de votos temporários precederam a profissão religiosa perpétua. Nesse período, trabalhou em várias comunidades, exercendo o ofício de cozinheira, jardineira e porteira.

Na simplicidade dos deveres cumpridos, no dia a dia, Irmã Faustina nada deixava transparecer de sua vida mística, de união com Deus. Era silenciosa, serena, cheia de amor para com as pessoas. Escreveu: "Nem graças, nem aparições, nem êxtases, ou qualquer outro dom que lhe seja concedido, torna a alma perfeita, mas sim a união íntima com a vontade de Deus" (1107).[1]

A missão de Irmã Faustina

Deus sempre se mostrou amigo das pessoas simples e pobres. À Irmã Faustina, simples religiosa, mas dotada de confiança sem limites, Jesus confiou uma grande missão: a mensagem da misericórdia divina. Disse-lhe ele: "Hoje estou enviando-te a toda a humanidade com a minha misericórdia" (1588). "Eu te escolhi para esta função, nesta e na outra vida" (1605).

Nosso Senhor concedeu-lhe muitas graças: o dom da contemplação, profundo conhecimento do mistério da misericórdia divina, o dom da profecia, do discernimento e outras graças extraordinárias.

---

[1] Maria Faustina, Santa. *Diário*. Curitiba, Congregação dos Padres Marianos, 1955. Os números que acompanham as citações referem-se à numeração do *Diário*.

Irmã Faustina procurou sempre ser fiel à vontade de Deus. Impunha-se um austero regime de vida e jejuns frequentes. Ofereceu sua vida pela conversão dos pecadores; nessa intenção, sofreu física e espiritualmente, sem nunca se queixar.

Nos últimos anos de sua breve existência, foi acometida pela tuberculose, que lhe atacou os pulmões e os intestinos. Esgotada fisicamente, mas fortalecida no espírito, faleceu com apenas 33 anos. Seu corpo foi sepultado no cemitério do convento, em Cracóvia. Em 1966, porém, foi transladado para a capela do convento. No dia 18 de abril de 1993, Irmã Maria Faustina foi beatificada pelo Papa João Paulo II. Em 30 de abril do ano 2000, foi canonizada pelo mesmo Papa.

Novena à Divina Misericórdia

Jesus pediu à Santa Faustina que a Festa da Divina Misericórdia fosse precedida por uma novena e indicou as intenções pelas quais deve ser feita.[1]

Disse Jesus à Santa Faustina: "Desejo que, durante estes nove dias, conduzas as pessoas à fonte da minha misericórdia, para que recebam força, alívio e todas as graças de que necessitam nas dificuldades da vida e, especialmente, na hora da morte. Cada dia conduzirás ao meu coração um grupo diferente de pessoas e as mergulharás no oceano da minha misericórdia. Eu conduzirei todas essas pessoas à Casa de meu Pai. Assim procederás nes-

---

[1] Embora esta novena esteja ligada à Festa da Divina Misericórdia (domingo, na oitava da Páscoa), pode-se rezá-la em qualquer tempo do ano.

ta vida e na futura. De minha parte, nada negarei àquelas pessoas que tu conduzirás à fonte da minha misericórdia. Cada dia pedirás a meu Pai, pela minha dolorosa paixão, graças para essas pessoas" (1209).

PRIMEIRO DIA

Em nome do Pai, do Filho e do Espírito Santo. Amém.

Intenção

Hoje, rezemos pela humanidade inteira, especialmente pelos pecadores, para que mergulhem no oceano da misericórdia divina.

Palavra de Deus

"Vinde a mim, todos vós que estais cansados e carregados de fardos, e eu vos darei descanso" (Mt 11,28).

Mensagem de Jesus a Santa Faustina

"Desejo que o mundo todo conheça a minha misericórdia. Desejo conceder graças inconcebíveis às pessoas que confiam na minha misericórdia" (687).

Rezemos

Misericordiosíssimo Jesus, de quem é próprio ter compaixão de nós e de nos perdoar, não olheis os nossos pecados, mas a confiança que depositamos em vossa infinita bondade. Acolhei-nos na mansão do vosso compassivo coração e nunca nos deixeis sair dele. Nós vo-lo pedimos pelo amor que vos une ao Pai e ao Espírito Santo.

Eterno Pai, olhai com misericórdia para toda a humanidade, encerrada no coração compassivo de Jesus, mas especialmente para os pobres pecadores. Pela sua dolorosa paixão mostrai-nos a vossa misericórdia, para que glorifiquemos a onipotência da vossa misericórdia, por toda a eternidade.

Pai-Nosso, Ave-Maria, Glória-ao-Pai.

Que o Deus de misericórdia nos abençoe, em nome do Pai, do Filho e do Espírito Santo. Amém.

SEGUNDO DIA

Em nome do Pai, do Filho e do Espírito Santo. Amém.

Intenção

Hoje, rezemos por todos os sacerdotes e religiosos, para que mergulhem no oceano da Divina Misericórdia. Por meio deles, como por canais, corre a misericórdia divina sobre toda a humanidade.

Palavra de Deus

"[...] o Senhor é rico em misericórdia e compassivo" (Tg 5,11).

Mensagem de Jesus a Santa Faustina

"As pessoas que recorrem à minha misericórdia e aquelas que a glorificam e anunciam aos outros, eu as tratarei, na hora da morte, de acordo com minha infinita misericórdia" (379).

Rezemos

Misericordiosíssimo Jesus, de quem provém tudo que é bom, aumentai em nós a graça, para que pratiquemos dignas obras de misericórdia, a fim de que aqueles que olham para nós, glorifiquem o Pai da Misericórdia que está no Céu.

Eterno Pai, dirigi o olhar da vossa misericórdia para a porção eleita da vossa vinha: os sacerdotes e religiosos. Concedei-lhes o poder da vossa bênção e, pelos sentimentos do coração de vosso Filho, no qual estão encerradas, dai-lhes a força da vossa luz, para que possam guiar os outros no caminho da salvação e juntamente com eles cantar a glória da vossa insondável misericórdia, por toda a eternidade.

Pai-Nosso, Ave-Maria, Glória-ao-Pai.

Que o Deus de misericórdia nos abençoe, em nome do Pai, do Filho e do Espírito Santo. Amém.

TERCEIRO DIA

Em nome do Pai, do Filho e do Espírito Santo. Amém.

Intenção

Hoje, rezemos por todos os piedosos e fiéis cristãos, para que mergulhem no oceano da divina misericórdia.

Palavra de Deus

"[...] quando se manifestou a bondade de Deus, nosso Salvador, e o seu amor pela humanidade, ele nos salvou, não por causa dos atos de justiça que tivéssemos praticado, mas por sua misericórdia [...]" (Tt 3,4-5).

Mensagem de Jesus a Santa Faustina

"Meu coração é a própria misericórdia. Desse mar de misericórdia, derramam-se graças pelo mundo todo" (1777).

Rezemos

Misericordiosíssimo Jesus, que concedeis prodigamente a todos as graças do tesouro da vossa misericórdia, acolhei-nos na mansão do vosso compassivo coração e não nos deixeis sair dele pelos séculos. Nós vos suplicamos pelo amor inconcebível de que está inflamado o vosso coração para com o Pai Celestial.

Eterno Pai, olhai com misericórdia para as almas fiéis, como a herança do vosso Filho. Pela sua dolorosa paixão concedei-lhes a vossa bênção e cercai-as da vossa incessante proteção, para que não percam o amor e o tesouro da santa fé, mas com toda a multidão dos anjos e dos santos glorifiquem a vossa imensa misericórdia, por toda a eternidade.

Pai-Nosso, Ave-Maria, Glória-ao-Pai.

Que o Deus de misericórdia nos abençoe, em nome do Pai, do Filho e do Espírito Santo. Amém.

QUARTO DIA

Em nome do Pai, do Filho e do Espírito Santo. Amém.

Intenção

Hoje, rezemos pelos que ainda não conhecem a Divina Misericórdia ou não creem nela.

Palavra de Deus

"[...] se vós perdoardes aos outros as suas faltas, vosso Pai que está nos céus também vos perdoará" (Mt 6,14).

Mensagem de Jesus a Santa Faustina

"A pessoa que confia em minha misericórdia é a mais feliz, porque eu mesmo cuido dela" (1273).

Rezemos

Misericordiosíssimo Jesus, que sois a luz de todo o mundo, aceitai na mansão do vosso compassivo coração as almas dos que ainda não vos conhecem. Que os raios da vossa graça os iluminem para que também eles, juntamente conosco, glorifiquem as maravilhas da vossa misericórdia e não os deixeis sair da mansão do vosso compassivo coração.

Eterno Pai, olhai com misericórdia para as almas daqueles que ainda não vos conhecem e que estão encerrados no coração compassivo de Jesus. Atraí-as à luz do Evangelho. Essas pessoas não sabem que grande felicidade é amar-vos. Fazei com que também elas glorifiquem a riqueza da vossa misericórdia, por toda a eternidade.

Pai-Nosso, Ave-Maria, Glória-ao-Pai.

Que o Deus de misericórdia nos abençoe, em nome do Pai, do Filho e do Espírito Santo. Amém.

QUINTO DIA

Em nome do Pai, do Filho e do Espírito Santo. Amém.

Intenção

Hoje, rezemos pelos cristãos que deixaram a Igreja, para que voltem à unidade eclesial e continuem construindo o Reino de Deus.

Palavra de Deus

"[...] sede bondosos e compassivos, uns para com os outros, perdoando-vos mutuamente, como Deus vos perdoou em Cristo" (Ef 4,32).

Mensagem de Jesus a Santa Faustina

"Em cada pessoa realizo a obra de misericórdia, e quanto maior o pecador, tanto maiores direitos tem ele à minha misericórdia" (723).

Rezemos

Misericordiosíssimo Jesus, que sois a própria bondade e não negais a luz àqueles que vos pedem, aceitai na mansão do vosso compassivo coração as almas dos nossos irmãos de outras denominações, e atraí-os pela vossa luz à unidade da Igreja e não os deixeis sair da mansão do vosso compassivo coração, mas fazei com que também eles glorifiquem a riqueza da vossa misericórdia.

Eterno Pai, olhai com misericórdia para as almas desses nossos irmãos. Fazei com que também eles glorifiquem a vossa misericórdia, por toda a eternidade.

Pai-Nosso, Ave-Maria, Glória-ao-Pai.

Que o Deus de misericórdia nos abençoe, em nome do Pai, do Filho e do Espírito Santo.

SEXTO DIA

Em nome do Pai, do Filho e do Espírito Santo. Amém.

Intenção

Hoje, rezemos por todas as crianças e por aquelas pessoas que se tornaram semelhantes a elas em sua pureza e simplicidade.

Palavra de Deus

"Deixai as crianças virem a mim. Não as impeçais, porque a pessoas assim é que pertence o Reino de Deus" (Mc 10,14).

Mensagem de Jesus a Santa Faustina

"Embora minha grandeza seja inconcebível, convivo somente com os pequeninos. Exijo de ti a infância espiritual" (332).

Rezemos

Misericordiosíssimo Jesus, que dissestes: "Aprendei de mim, que sou manso e humilde de coração", aceitai na mansão do vosso compassivo coração as almas mansas e humildes e as almas das criancinhas. Essas pessoas encantam o Céu e são a especial predileção do Pai Celestial. São como um ramalhete diante do trono de Deus, com cujo perfume o próprio Deus se deleita. Elas têm a mansão permanente no coração compassivo de Jesus e cantam sem cessar um hino de amor e misericórdia pelos séculos.

Eterno Pai, olhai com misericórdia para as pessoas mansas, humildes e para as criancinhas, que estão encerradas na mansão compassiva do coração de Jesus. Elas são as mais semelhantes a vosso Filho. O perfume delas eleva-se da terra e alcança o vosso trono. Pai de misericórdia e de toda bondade, suplico-vos pelo amor e predileção que tendes para com todos: abençoai o mundo todo, para que todas as pessoas cantem juntamente a glória à vossa misericórdia, por toda a eternidade.

Pai-Nosso, Ave-Maria, Glória-ao-Pai.

Que o Deus de misericórdia nos abençoe, em nome do Pai, do Filho e do Espírito Santo. Amém.

SÉTIMO DIA

Em nome do Pai, do Filho e do Espírito Santo. Amém.

Intenção

Hoje, rezemos por todas as pessoas que acreditam na Divina Misericórdia, pelos que a vivem e a anunciam por meio das bem-aventuranças.

Palavra de Deus

"Felizes os misericordiosos, porque alcançarão misericórdia" (Mt 5,7).

Mensagem de Jesus a Santa Faustina

"As pessoas que veneram a minha insondável misericórdia, eu mesmo as defenderei como minha glória durante sua vida e, especialmente, na hora da morte" (1225).

Rezemos

Misericordiosíssimo Jesus, cujo coração é o próprio amor, aceitai na mansão do vosso compassivo coração as pessoas que honram e glorificam de maneira especial a grandeza da vossa misericórdia. Estas pessoas, tornadas poderosas pela força do próprio Deus, avançam entre sacrifícios e adversidades confiando na vossa misericórdia. Essas pessoas estão unidas com Jesus e carregam sobre seus ombros a humanidade toda. Elas não serão julgadas severamente, mas a vossa misericórdia as envolverá no momento da morte.

Eterno Pai, olhai com misericórdia para as pessoas que glorificam e honram o vosso maior atributo, isto é, a vossa insondável misericórdia. Elas estão encerradas no coração compassivo de Jesus. Elas são o Evangelho vivo e as suas mãos estão cheias de obras de misericórdia; são almas repletas de alegria e cantam um hino da misericórdia ao Altíssimo. Suplico-vos, ó Deus, mostrai-lhes a vossa misericórdia segundo a esperança e a confiança que em vós colocaram. Que se cumpra nelas a promessa de Jesus, que disse: "As pessoas que veneram a minha insondável misericórdia, eu mesmo as defenderei durante a sua vida, e especialmente na hora da morte, como minha glória...".

Pai-Nosso, Ave-Maria, Glória-ao-Pai.

Que o Deus de misericórdia nos abençoe, em nome do Pai, do Filho e do Espírito Santo. Amém.

OITAVO DIA

Em nome do Pai, do Filho e do Espírito Santo. Amém.

Intenção

Hoje, rezemos pelos falecidos que ainda não alcançaram sua purificação, para que descansem na luz e na paz eterna.

Palavra de Deus

"O Senhor é misericordioso e compassivo, lento para a cólera e rico em bondade. Como um pai se compadece dos filhos, o Senhor se compadece dos que o temem" (Sl 103,8.13).

Mensagem de Jesus a Santa Faustina

"Eu te indico três formas de praticar a misericórdia para com o próximo: a primeira é a ação; a segunda, a palavra; a terceira, a oração" (742).

Rezemos

Misericordiosíssimo Jesus, que dissestes que quereis misericórdia, eis que estou trazendo à mansão do vosso compassivo coração as almas do Purgatório, almas que vos são muito queridas e que, no entanto, devem dar reparação a vossa justiça. Que as torrentes de sangue e água que brotaram do vosso coração apaguem o sofrimento do Purgatório, para que também ali seja glorificado o poder da vossa misericórdia.

Eterno Pai, olhai com misericórdia para as almas que sofrem no Purgatório e que estão encerradas no coração compassivo de Jesus. Suplico-vos que, pela dolorosa paixão de Jesus, vosso Filho, e por toda a amargura de que estava inundada a sua alma santíssima, mostreis vossa misericórdia às almas que se encontram sob o olhar da vossa justiça. Não olheis para elas de outra forma senão através das chagas de Jesus, vosso Filho muito amado, porque nós cremos que a vossa bondade e misericórdia são incomensuráveis.

Pai-Nosso, Ave-Maria, Glória-ao-Pai.

Que o Deus de misericórdia nos abençoe, em nome do Pai, do Filho e do Espírito Santo. Amém.

NONO DIA

Em nome do Pai, do Filho e do Espírito Santo. Amém.

Intenção

Hoje, rezemos pelas pessoas fracas na fé, para que a força do Espírito as ajude a crescer na fé e no amor.

Palavra de Deus

"[...] sem a fé é impossível agradar a Deus" (Hb 11,6).

Mensagem de Jesus a Santa Faustina

"Quem confia na minha misericórdia não perecerá" (723).

Rezemos

Ó compassivo Jesus, que sois a própria compaixão, trago à mansão do vosso compassivo coração as pessoas sem entusiasmo. Que se aqueçam no fogo do vosso amor puro estas almas geladas que, semelhantes a cadáveres, vos enchem de tanta repugnância. Ó Jesus, muito compassivo, usai a onipotência da vossa misericórdia e atraí-as até o fogo do vosso amor e concedei-lhes o amor santo, porque vós tudo podeis.

Eterno Pai, olhai com vossa misericórdia para as pessoas sem entusiasmo e que estão encerradas no coração compassivo de Jesus. Pai de Misericórdia, suplico-vos pela amargura da paixão de vosso Filho e por sua agonia de três horas na cruz, permiti que também elas glorifiquem o abismo da vossa misericórdia.

Pai-Nosso, Ave-Maria, Glória-ao-Pai.

Que o Deus de misericórdia nos abençoe, em nome do Pai, do Filho e do Espírito Santo. Amém.

Terço da Divina Misericórdia

"Exorta as pessoas a rezarem este terço que te dei. Por esta oração, agrada-me dar tudo o que me pedem" (1541), recomendou Jesus a Santa Faustina.

Modo de rezá-lo (474):

1. Inicia-se rezando o Pai-Nosso, a Ave-Maria e o Creio.

2. Em cada uma das cinco dezenas, começa-se dizendo:
   Eterno Pai, eu vos ofereço o corpo e o sangue, a alma e a divindade de vosso diletíssimo Filho, nosso Senhor Jesus Cristo, em expiação dos nossos pecados e por aqueles do mundo inteiro.

3. Em cada uma das contas das Ave-Marias, reza-se:
   Por sua dolorosa paixão, tende misericórdia de nós e do mundo inteiro.

4. Ao finalizar o terço, faz-se esta invocação por três vezes:
   Ó Deus santo, ó Deus forte, ó Deus imortal, tende piedade de nós e do mundo inteiro.

A imagem de Jesus Misericordioso

Entre os meios para venerar a Divina Misericórdia, o Senhor entregou à Santa Faustina a indicação para pintar sua imagem, com a inscrição: "Jesus, confio em vós". Conta a Santa: "À noite, quando me encontrava em minha cela, vi nosso Senhor vestido de branco. Uma das mãos erguidas para a bênção, e a outra tocava-lhe a túnica sobre o peito. [...] Logo depois, Jesus me disse: 'Pinta uma imagem de acordo com o modelo que estás vendo, com a inscrição: Jesus, confio em vós (49). Quero que essa imagem seja benzida solenemente no primeiro domingo depois da Páscoa, e esse domingo deve ser a Festa da Divina Misericórdia'" (49).

"Esses dois raios significam o sangue e a água: o raio pálido significa a água;

o raio vermelho significa o sangue, que é a vida das pessoas. Ambos os raios saíram das entranhas da minha misericórdia quando, na cruz, o meu coração agonizante foi aberto pela lança" (299).

A hora da Divina Misericórdia

Disse Jesus à Santa Faustina: "Às três horas da tarde, implora a minha misericórdia especialmente pelos pecadores. E, ao menos por um breve tempo, reflete sobre a minha paixão, especialmente sobre o abandono em que me encontrei no momento da agonia. Essa é a hora de grande misericórdia para o mundo inteiro. [...] Nessa hora nada negarei à pessoa que me pedir pela minha paixão" (1320).

Foi às três horas da tarde que "Jesus deu um forte grito: 'Pai, em tuas mãos entrego o meu espírito'. Dizendo isto, expirou" (Lc 23,46). Nessa hora, realizou-se a graça para todo o mundo (1572). É a hora da adoração à Divina Misericórdia.

NOSSAS DEVOÇÕES
(Origem das novenas)

De onde vem a prática católica das novenas? Entre outras, podemos dar duas respostas: uma histórica, outra alegórica.

Historicamente, na Bíblia, no início do livro dos Atos dos Apóstolos, lê-se que, passados quarenta dias de sua morte na Cruz e de sua ressurreição, Jesus subiu aos céus, prometendo aos discípulos que enviaria o Espírito Santo, que lhes foi comunicado no dia de Pentecostes.

Entre a ascensão de Jesus ao céu e a descida do Espírito Santo, passaram-se nove dias. A comunidade cristã ficou reunida em torno de Maria, de algumas mulheres e dos apóstolos. Foi a primeira novena cristã. Hoje, ainda a repetimos todos os anos, orando, de modo especial, pela unidade dos cristãos. É o padrão de todas as outras novenas.

A novena é uma série de nove dias seguidos em que louvamos a Deus por suas maravilhas, em particular, pelos santos, por cuja intercessão nos são distribuídos tantos dons.

Alegoricamente, a novena é antes de tudo um ato de louvor ao Pai, ao Filho e ao Espírito Santo, Deus três vezes Santo. Três é número perfeito. Três vezes três, nove. A novena é louvor perfeito à Trindade. A prática de nove dias de oração, louvor e súplica confirma de maneira extraordinária nossa fé em Deus que nos salva, por intermédio de Jesus, de Maria e dos santos.

O Concílio Vaticano II afirma: "Assim como a comunhão cristã entre os que caminham na terra nos aproxima mais de Cristo, também o convívio com os santos nos une a Cristo, fonte e cabeça de que provêm todas as graças e a própria vida do povo de Deus" (*Lumen Gentium*, 50).

Nossas Devoções procura alimentar o convívio com Jesus, Maria e os santos, para nos tornarmos cada dia mais próximos de Cristo, que nos enriquece com os dons do Espírito e com todas as graças de que necessitamos.

Francisco Catão

Coleção Nossas Devoções
- *A Senhora da Piedade. Setenário das dores de Maria* – Aparecida Matilde Alves
- *Albertina Berkenbrock. Novena e biografia* – Sérgio Jeremias de Souza
- *Divino Espírito Santo. Novena para a contemplação de dons e frutos* – Mons. Natalício José Weschenfelder e Valdecir Bressani
- *Dulce dos Pobres. Novena e biografia* – Marina Mendonça
- *Frei Galvão. Novena e história* – Pe. Paulo Saraiva
- *Imaculada Conceição. Novena ecumênica* – Francisco Catão
- *Jesus, Senhor da vida. Dezoito orações de cura* – Francisco Catão
- *João Paulo II. Novena, história e orações* – Aparecida Matilde Alves
- *João XXIII. Biografia e novena* – Marina Mendonça
- *Maria, Mãe de Jesus e Mãe da humanidade. Novena e coroação de Nossa Senhora* – Aparecida Matilde Alves
- *Menino Jesus de Praga. História e novena* – Giovanni Marques
- *Nhá Chica. Novena, história e orações* – Aparecida Matilde Alves
- *Nossa Senhora Achiropita. Novena e biografia* – Antonio S. Bogaz e Rodinei Thomazella
- *Nossa Senhora Aparecida. História e novena* – Maria Belém
- *Nossa Senhora da Cabeça. História e novena* – Mario Basacchi
- *Nossa Senhora da Luz. Novena e história* – Maria Belém
- *Nossa Senhora da Penha. Novena e história* – Maria Belém
- *Nossa Senhora da Salete. História e novena* – Aparecida Matilde Alves
- *Nossa Senhora das Graças ou Medalha Milagrosa. Novena e origem da devoção* – Mario Basacchi
- *Nossa Senhora de Caravaggio. História e novena* – Pe. Volmir Comparin e Pe. Leomar Antônio Brustolin
- *Nossa Senhora de Fátima. Novena e história das aparições aos três pastorzinhos* – Mons. Natalício José Weschenfelder
- *Nossa Senhora de Guadalupe. Novena e história das aparições a São Juan Diego* – Maria Belém
- *Nossa Senhora de Lourdes.* – Tarcila Tommasi
- *Nossa Senhora de Nazaré. Novena e história* – Maria Belém

- *Nossa Senhora Desatadora dos Nós. História e novena* – Frei Zeca
- *Nossa Senhora do Bom Parto. Novena e reflexões bíblicas* – Mario Basacchi
- *Nossa Senhora do Carmo. Novena e história* – Maria Belém
- *Nossa Senhora do Desterro. História e novena* – Celina H. Weschenfelder
- *Nossa Senhora do Perpétuo Socorro. História e novena* – Mario Basacchi
- *Nossa Senhora Rainha da Paz. História e novena* – Celina Helena Weschenfelder
- *Novena à Divina Misericórdia. Santa Maria Faustina Kowaslka, história e orações* – Tarcila Tommasi
- *Novena do Bom Jesus* – Francisco Catão
- *Novena das Rosas. História e novena a Santa Teresinha do Menino Jesus* – Aparecida Matilde Alves
- *Ofício da Imaculada Conceição. Orações, hinos e reflexões* – Cristóvão Dworak
- *Orações do cristão. Preces diárias* – Celina H. Weschenfelder (org.)
- *Padre Pio. Novena e história* – Maria Belém
- *Paulo, homem de Deus. Novena de São Paulo, Apóstolo* – Francisco Catão
- *Reunidos pela força do Espírito Santo. Novena de Pentecostes* – Tarcila Tommasi
- *Rosário por uma transformação espiritual e psicológica* – Gustavo E. Jamut
- *Rosário dos enfermos* – Aparecida Matilde Alves, fsp
- *Sagrada face. História, novena e devocionário* – Giovanni Marques
- *Sagrada Família. Novena* – Pe. Paulo Saraiva
- *Sant'Ana. Novena e história* – Maria Belém
- *Santa Cecília. Novena e história* – Frei Zeca
- *Santa Edwiges. Novena e biografia* – J. Alves
- *Santa Filomena. História e novena* – Mario Basacchi
- *Santa Joana d'Arc. Novena e biografia* – Francisco de Castro
- *Santa Luzia. Novena e biografia* – J. Alves
- *Santa Paulina. Novena e biografia* – J. Alves

- *Santa Rita de Cássia. Novena e biografia* – J. Alves
- *Santa Teresinha do Menino Jesus. Novena e biografia* – Mario Basacchi
- *Santo Afonso de Ligório. Novena e biografia* – Mario Basacchi
- *Santo Antônio. Novena, trezena e responsório* – Mario Basacchi
- *Santo Expedito. Novena e dados biográficos* – Francisco Catão
- *São Benedito. Novena e biografia* – J. Alves
- *São Bento. História e novena* – Francisco Catão
- *São Cosme e São Damião. Biografia e novena* – Mario Basacchi
- *São Cristóvão. História e novena* – Pe. Mário José Neto
- *São Francisco de Assis. Novena e biografia* – Mario Basacchi
- *São Geraldo Majela. Novena e biografia* – J. Alves
- *São Guido Maria Conforti. Novena e biografia* – Gabriel Guarnieri
- *São José. História e novena* – Aparecida Matilde Alves
- *São Judas Tadeu. História e novena* – Maria Belém
- *São Marcelino Champagnat. Novena e biografia* – Ir. Egídio Luiz Setti
- *São Miguel Arcanjo. Novena* – Francisco Catão
- *São Pedro, Apóstolo. Novena e biografia* – Maria Belém
- *São Sebastião. Novena e biografia* – Mario Basacchi
- *São Tarcísio. Novena e biografia* – Frei Zeca
- *São Vito, mártir. História e novena* – Mario Basacchi
- *Tiago Alberione. Novena e biografia* – Maria Belém

Rua Dona Inácia Uchoa, 62
04110-020 – São Paulo – SP (Brasil)
Tel.: (11) 2125-3500
http://www.paulinas.com.br – editora@paulinas.com.br
Telemarketing e SAC: 0800-7010081